ECORA

Zaubern mit
DINKEL

Ein kulinarischer Ratgeber für Feinschmecker

Mit den zauberhaften Ideen von
Marietta Forst

ins Bild gesetzt von
Kurt Schubert

ECORA-VERLAG 8210 PRIEN AM CHIEMSEE

Rezepte Titelbild:

Brandteigschwäne, Rezept S. 73
Gnocchi aus Dinkelgrieß, Rezept S. 56

Rezepte Rückentitel:

Karamelcreme, Rezept S. 62
Dinkelgebäck, Rezept S. 76
Schaumomelette, Rezept S. 57

2. Auflage 1993

Text: Marietta Forst, 8210 Prien am Chiemsee
Fotos: Kurt Schubert, 8210 Prien am Chiemsee
Herstellung: Rieder-Druckservice GmbH, 8210 Prien am Chiemsee
Printed in Germany

ISBN 3-923437-08-0

Beteiligte Firmen:
G. M. Hildegardprodukte, 8213 Aschau
Kumpfmühle Schuster, 8210 Prien am Chiemsee
Heinz Manz, Backofenfabrik, 6993 Creglingen-Münster

Inhaltsverzeichnis

Bild Seite 7:
Klostergarten des Benediktinerordens auf Frauenchiemsee. Der Kräutergarten wurde nach den Richtlinien der Hildegard von Bingen angelegt.

Einführung

„Dinkel“, ein verstaubter Begriff für ein längst vergessenes Nahrungsmittel oder die Bezeichnung für eine wertvolle Getreideart, die heute zunehmend an Bedeutung gewinnt? Beide Aussagen sind richtig!

Im 12. Jahrhundert stellte Dinkel ein geschätztes Grundnahrungsmittel dar; Aufzeichnungen der Hildegard von Bingen, einer später heilig gesprochenen Angehörigen des Benediktinerordens, belegen dies eindeutig. Wirtschaftliche Gründe führten jedoch in der Folgezeit zum Ersatz des Dinkels durch den heute vorrangig angebauten Weizen. Und erst in diesen Tagen erinnert man sich wieder dieser scheinbar antiquierten Getreideart und verwendet sie bevorzugt in der fortschrittlichen Küche.

Ebenso wie der Weizen läßt sich auch der Dinkel auf den Emmer bzw. das Einkorn zurückführen. Man nimmt heute an, daß er einer Kreuzung von Emmer und Zwergweizen entstammt. Klimaveränderung und bequemere Anbaumethode begünstigten in den vergangenen Jahrhunderten neben den anderen bekannten Hauptgetreidesorten die Erzeugung von Weizen. Allein die gelegentliche Verwendung als „Grünkern“ sicherte dem Dinkel ein Überleben bis in die heutige Zeit. Die Bezeichnung Grünkern leitet sich von dem Umstand ab, daß in vergangenen Notzeiten der Dinkel frühzeitig, d.h., vor dem Ausreifen, also noch grün, geerntet werden mußte.

In einer Zeit, in der einem kritisch eingestellten Teil der Bevölkerung die Verwendung von zwar preisgünstig angebotenen, aber unnatürlich hergestellten Massennahrungsmitteln fragwürdig erscheint, besinnt man sich auf frühere Ernährungsgewohnheiten und verlangt nach Lebensmitteln, die sich in der Vergangenheit bewährt haben. Moderne ernährungswissenschaftliche Untersuchungen bestätigen überdies, was vor vielen Generationen bereits empirisch erkannt wurde: der Dinkel enthält im Vergleich zu Weizen, Roggen, Gerste und Hafer eine Vielzahl biologisch hochwertiger Eiweißstoffe und einen höheren Gehalt an essentiellen Fettsäuren; Inhaltsstoffe, welche der menschliche Organismus ständig benötigt. Hildegard von Bingen spricht im Zusammenhang mit dem Dinkel „von einer wohltuenden Wärme, von einer guten Verträglichkeit, - einem Getreide, das kraftvoll und fett ist“. Da das Korn des Dinkels fest von Spelzen umschlossen ist, widersteht es leichter als andere

Getreidearten dem schädigenden Einfluß von Umweltgiften, wie Pflanzenschutzmittel oder indirekt wirkenden Noxen. Dinkel stellt im Vergleich zum Weizen weit weniger Ansprüche an die Beschaffenheit des Bodens; er gedeiht auf kargen Böden und sogar noch in hohen Berglagen. Als Grünkern geerntet, entwickelt er in der Form des sogenannten Grünkernmehles ein besonders feines Aroma, wogegen sich die reifen Körner in der Form von Schrot, Mehl, Haferflocken, Kleie und Grieß großer Beliebheit erfreuen.

Unsere heutigen Eßgewohnheiten führen in der Regel zu einer Übersäuerung des Magens und auf diesem Wege zu entsprechenden Unzuträglichkeiten und Störungen des gesamten Organismus. Im Gegensatz zu vielen anderen Nahrungsmitteln reagiert der Dinkel basisch und ist daher geeignet, dieser Übersäuerung entgegenzuwirken. Es wird somit verständlich, warum der Dinkel gerade in unserer Zeit als ein für unsere Gesundheit bedeutsames Grundnahrungsmittel wieder entdeckt wurde. Die Verwendung von Dinkel ist aber nicht nur wünschenswert, in Verbindung mit weiteren, naturbelassenen Lebensmitteln und der Zugabe einer Reihe frischer Küchenkräuter lassen sich mindestens ebenso schmackhafte wie konventionell hergestellte Gerichte auf den Tisch bringen, häufig sogar kulinarische Zaubereien.

Die nachfolgend beschriebenen Kochrezepte wurden unter Berücksichtigung mehrerer unterschiedlicher Gesichtspunkte ausgewählt. Zum einen sollen die vielfältigen Möglichkeiten aufgezeigt werden, unter denen Dinkel heutzutage besser als andere Getreidearten verwandt werden kann, zum anderen stand das Gebot der Einfachheit der Zutaten Pate. Die Mengenangaben beziehen sich auf einen Vierpersonenhaushalt. Durchschnittliches Haushaltswissen vorausgesetzt, lassen sich die einzelnen Gerichte ohne besondere Spezialkenntnisse herstellen. Fleischgerichte werden zwar erwähnt, sie stehen aber nicht, wie sonst üblich, im Mittelpunkt. Bei den Süßspeisen liegt die Betonung auf den Beilagen. Die Verwendung von Jodsalz anstelle des normalen Kochsalzes wird empfohlen, da der immer wieder anzutreffende Jodmangel relativ häufig zu Schilddrüsenstörungen Anlaß gibt. Allgemein ist zu berücksichtigen, daß eine Ernährung umso gesünder ist, je abwechslungsreicher sie ist. Jede Einseitigkeit erhöht das Risiko der Aufnahme sowohl natürlicher als auch künstlicher Giftstoffe. Die Ansichten darüber, was gesund und was ungesund ist, unterliegen einem raschen Wandel. Veränderte Lebensumstände erfordern Anpassung; dennoch ist es klug, Altbewährtes entsprechend zu berücksichtigen. Im vorliegenden Buch wird versucht, beidem gerecht zu werden.

Marietta Forst

Kürbis für die Feinschmeckerküche

Roter Mangold

Kräutergewürze

Selbst hergestellte Kräuterwürze

500 g Tomaten
500 g Karotten
500 g Sellerie und etwas Selleriegrün
500 g Petersilienwurzel und etwas Petersiliengrün
500 g Zwiebel
500 g Paprika
500 g Lauch
500 g Maggikraut
500 g Salz

Die Kräuter (500 g) und das Gemüse (3,5 kg, Auswahl aus oben angegebener Zusammenstellung oder aus entsprechenden anderen Gemüsearten) durch einen Fleischwolf drehen und mit 500 g Salz mischen. In gut verschließbare Gläser füllen. Kühl stellen.

Dieses Suppengewürz ist über den ganzen Winter haltbar; es verfeinert Suppen, Saucen, Fisch und Braten.

Selbst hergestelltes Kräutersalz

Kräuter aus dem Garten nach eigenen Ideen und Wünschen zusammenstellen. 250 g Kräuter fein gehackt mit 50 g Jodsalz mischen und in möglichst dunkle Schraubgläser abfüllen.

Vorschlag für die Kräuterzusammenstellung: Schnittlauch, Petersilie, Dill, Rosmarin, Thymian oder Estragon

Verwendung: für alle Salate, Suppen, für würzigen Quark und für eigene Herstellung von Kräuterkäse.

Kräuterwürze aus frischem Gemüse und Kräutern, mit Salz konserviert, Rezept Seite 13.

Suppen

Selleriecremesuppe - Petersiliencremesuppe

1-2 mittelgroße Sellerieknollen
oder 5 - 6 Petersilienwurzeln
3/4 Liter Wasser
1 Becher Creme fraiche
1 TL - 1 EL Kräuterwürze
1 Prise Zucker

Die gut gesäuberten Sellerieknollen in kochendes Wasser legen und weich kochen. Die Schale dünn abschaben und die Knollen im Mixer mit etwas heißem Wasser pürieren. Die so hergestellte Masse in das restliche heiße Wasser geben und die Suppe mit den übrigen Zutaten würzig abschmecken.
Anstelle der Sellerieknollen können auch Petersilienwurzeln verwendet werden.

Beilagenvorschlag: Zu dieser und allen nachfolgend beschriebenen Suppen kann Käsegebäck gereicht werden.

Klare Hühnerbrühe mit Butternockerln

Zutaten für die Hühnerbrühe:
3/4 l klare Hühnerbrühe
1 TL frisch gehackte Petersilie
1 gehäufter TL Kräuterwürze

Zutaten für die Butternockerl:
40 g Butter
1 Ei
60 - 70 g Dinkelmehl
1 TL frisch gehackte Petersilie
Salz
1 Prise Muskat

Butter cremig schlagen, Mehl, Ei und Gewürze unterrühren, so daß ein weicher Teig entsteht. In die kochende Brühe die mit einem Teelöffel abgestochenen Nockerl einlegen. 10 - 15 Minuten ziehen lassen und mit den übrigen Zutaten abschmecken.

Gurkensuppe mit Dinkelbutterklößchen

Zutaten für die Gurkensuppe:
3/4 l Gemüse-, Fleisch- oder Geflügelbrühe
375 - 500 g Gurken
1/4 TL Curry
1 TL frischer Dill
1/2 TL Salz
1 Prise Galgant

Zutaten für die Dinkelbutterklößchen:
40 g Butter
60 - 70 g Dinkelmehl, eventuell 1/2 Mehl und 1/2 feiner Schrot
1 - 2 Eier
Salz
je 1 Prise Galgant, Quendel, Bertram

In die kochende Fleisch-, Gemüse- oder Geflügelbrühe die roh geraspelten Gurken und die Gewürze hineingeben. Die Suppe etwa 10 - 15 Minuten ziehen lassen, eventuell nachschmecken. Mit frischem Dill servieren.

Die Butter mit den Gewürzen sämig rühren, Mehl dazugeben und einen Teigkloß herstellen. Nach und nach die Eier unterrühren, zum Schluß die frische, kleingehackte Petersilie zugeben. Vom Teig ein Probeklößchen kochen. Ist dieses in Ordnung, weitere Klößchen formen und in die heiße Brühe hineingeben. Andernfalls etwas Mehl in den Teig einrühren. 5 Minuten sanft kochen und 10 Minuten ziehen lassen.

Zucchinisuppe

500g Zucchini
50 g Butter
1 kleine Zwiebel
3/4 l Kalbfleischbrühe
1/2 Becher süße Sahne
Salz
je 1 Prise Quendel, Zucker

Die gesäuberten, in grobe Stücke geschnittenen Zucchini zusammen mit der kleingeschnittenen Zwiebel andünsten, mit der Kalbfleischbrühe aufgießen, garen. Die Masse pürieren und mit den übrigen Zutaten abschmecken.

Kürbissuppe fruchtig

500 g Kürbis
50 g Butter
1 Zwiebel
dünne Schale von 1/4 ungespritzter Orange oder Zitrone
1 l Wasser, Gemüsebrühe oder Fleischbrühe
1/8 l süße Sahne
1 EL frische Petersilie
1/2 TL Salz
je 1 Prise gemahlener Zimt, Galgant

Die fein geschnittene Zwiebel in der Butter glasig dünsten. Den in grobe Stücke geschnittenen Kürbis mit andünsten. Alle Gewürze dazugeben, die Flüssigkeit aufgießen und den Kürbis weich kochen. Das Ganze pürieren, mit Sahne und Petersilie verfeinern.

Kürbissuppe pikant

500 g Kürbis
50 g Butter
100 g Zwiebeln
1 Knoblauchzehe
1/2 Becher Creme fraiche
1 EL Petersilie oder Schnittlauch
3/4 l Wasser, Gemüsebrühe oder Fleischbrühe
1/2 TL Salz
je 1 Prise Galgant, Quendel, Bertram

Gleiche Zubereitungsart wie die fruchtige Kürbissuppe. Die Knoblauchzehe vor dem Pürieren aus der Suppe herausnehmen.

Selleriecremesuppe, Rezept Seite 15

Tomatencremesuppe mit frischem Basilikum, Rezept Seite 20

Tomatencremesuppe

500 g frische Tomaten
1 große Zwiebel
1 Scheibe Dinkelbrot
50 g Butter
1 Zweig frisches Basilikum
3/4 l Wasser oder Brühe
1/2 Becher süße Sahne
Salz
1 Prise Zucker

Butter in einem Suppentopf schmelzen. Die grob geschnittene Zwiebel und die zerkleinerten Tomaten in der Butter etwa 10 Minuten durchdünsten, Brot und Gewürze dazugeben, mit Wasser oder Brühe aufgießen. Nach weiteren 15 Minuten Garzeit die Suppe durch ein Sieb passieren, mit Sahne verfeinern und eventuell nachwürzen. Die Suppe mit einem frischen Blatt Basilikum servieren.

Fenchelcremesuppe

2 kleine Knollen Fenchel
3/4 l Gemüse- oder Kalbfleischbrühe
50 g Butter
1/2 Becher Creme double
zarte Fenchelkräuter
Salz
1 Prise Zucker

Die in feine Streifen geschnittenen Fenchelknollen in der Butter gut durchdünsten, Brühe aufgießen, langsam den Fenchel garen, mit den übrigen Zutaten abschmecken und mit dem feinen, kleingehackten Fenchelkraut die Suppe servieren.

Karottencremesuppe

500 g Karotten
50 g Butter
1 kleine Zwiebel
3/4 l Gemüsebrühe
1/2 Becher Creme fraiche
Salz
1 Prise Zucker

Die geputzten, in grobe Stücke geschnittenen Karotten, zusammen mit den kleingeschnittenen Zwiebeln, in der Butter etwa 10 Minuten dünsten, mit der Gemüsebrühe auffüllen und garen. Diese Masse im Mixer pürieren, mit der restlichen Gemüsebrühe auffüllen und mit den übrigen Zutaten abschmecken.

Gemüsebrühe

1 große Zwiebel
2 Petersilienwurzeln
1 Stange Lauch
1/2 Sellerieknolle
3 gelbe Rüben
1 Bund frische Petersilie
100 g Butter
2 l kaltes Wasser

Die Gemüsesorten reinigen, in grobe Stücke schneiden und in der flüssigen Butter hellbraun andünsten. Mit 2 l kaltem Wasser aufgießen und langsam, etwa 1 Stunde, auskochen. Die Brühe in Schraubgläser abfüllen und kühl lagern. Als Grundlage für Suppen und Saucen verwenden.

Dinkelgrießsuppe

3 EL Dinkelgrieß
1 Zwiebel, feingehackt
70 g Butter
1 l Fleisch- oder Gemüsebrühe
1 EL Kräuterwürze
je 1 Prise Muskat, Bertram,
frische Petersilie, Schnittlauch

Zwiebel in Butter glasig dünsten, Grieß kurz in der Butter anrösten, mit Flüssigkeit aufgießen und mit den Gewürzen abschmecken.
Die Suppe 20 Min. langsam durchgaren. Nachwürzen und mit frischen Kräutern servieren.

Dinkelbrotsuppe

500 g Dinkelbrot
1 Zwiebel, feingehackt
50 - 70 g Butter
1 EL Kräuterwürze
1 EL frisch gehackte Petersilie
od. Schnittlauch
1 l Fleisch- od. Gemüsebrühe

Zwiebel in der Butter glasig dünsten, das zerkleinerte Brot und die Gewürze zugeben, mit Flüssigkeit aufgießen und 10 - 15 Min. langsam kochen. Die Suppe passieren, nachwürzen und mit frischen Kräutern servieren.

Kapuzinerkresse

Feine Kerbel- oder Kressesuppe

50 g frischer Kerbel oder Kresse
50 g Butter
1 kleine Zwiebel
3/4 l Hühnerbrühe
1/2 Becher süße Sahne
Salz
1 Prise Zucker

Die feingehackte Zwiebel in Butter glasig dünsten; Kerbel bzw. Kresse klein schneiden und vorsichtig in die Butter-Zwiebel-Mischung einrühren. Bei schwacher Hitze durchziehen lassen. Mit Hühnerbrühe auffüllen und mild abschmecken, damit der Kräutergeschmack nicht verloren geht.

Dinkelgrießnockerlsuppe

1 l Kalbfleischbrühe
Zutaten für Grießnockerl:
1 Ei
50 - 60 g Dinkelgrieß
20 g Butter
1 TL Petersilie
1 EL Kräuterwürze, frischer Schnittlauch
1 Prise Muskat

Ei, Grieß, Butter und Gewürze verrühren und etwa 30 Minuten quellen lassen. In die kochende Brühe geformte Nockerl einlegen, 10 - 15 Minuten ziehen lassen. Mit Gewürzmischung abschmecken und die Suppe mit frischem kleingehackten Schnittlauch servieren.

Kürbissuppe pikant, Rezept Seite 17

Fleisch

Poularde, in Weißwein gegart

1 Poularde
1/8 l Weißwein
Gemüsebrühe zum Aufgießen
50 g Butter
1/2 Becher Creme fraiche
Salz
je 1 Prise Thymian, Rosmarin, Basilikum

Die Poularde von innen und außen gut mit Gewürzen einreiben, von allen Seiten in Butter anbraten und zusammen mit dem Bratenfond in einer Bratreine in das vorgeheizte Backrohr hineinschieben. Den Weißwein zufügen und etwa 45 Minuten bei 180 - 200 °C garen lassen. Die Sauce etwas aufkochen und mit Creme fraiche binden; anschließend zum Anrichten über die portionierte Poularde gießen. Auf diesem Wege können gleichzeitig zwei Poularden gegart werden. Die Reste lassen sich für einen Geflügelsalat oder für kalte Hühnerbrust mit Kräutersauce verwenden.

Beilagenvorschlag: Zuckerschoten, Dinkelgrieß pikant, mit Käse überbacken

Hähnchenkeulen mit Rosmarin

Pro Person 1 - 2 Hähnchenkeulen
50 g Butter
1 Zweig Rosmarin
1 kleine Zwiebel
1/2 Becher süße Sahne
Salz

Die Hähnchenkeulen in der Butter anbraten, salzen, die fein geschnittene Zwiebel dazugeben und mit etwas Wasser auffüllen. Bei geschlossenem Deckel garziehen lassen. Nach der Hälfte der Garzeit den Zweig Rosmarin in den Fond geben; Garzeit etwa 20 - 30 Minuten. Vor dem Anrichten mit süßer Sahne abschmecken, eventuell nachwürzen.

Beilagenvorschlag: Baguette aus Dinkelmehl mit Tomaten-Zwiebelgemüse

Zarte Rahmputenschnitzel

4 kleine Putenschnitzel
50 g Butter
1 Stengel Basilikum
1/2 Becher süße Sahne
Rosenpaprika
Salz

Die Putenschnitzel mit Salz und etwas Rosenpaprika würzen, in die heiße Butter geben und von beiden Seiten kurz anbraten - jede Seite ca. 2 Minuten -, warm stellen. Den Bratenfond mit Sahne und Wasser verlängern, etwas einköcheln, kurz den Basilikumstengel durch die Sauce ziehen, eventuell nachwürzen und über die warmgestellten Schnitzel geben.

Beilagenvorschlag: Kleines Käsesoufflé mit Zucchinigemüse

Lammkeule in Knoblauchbeize

1 Lammkeule
8 - 10 EL Sonnenblumenöl
4 - 5 Knoblauchzehen
je 1 Prise Bertram, Quendel
Gemüsebrühe zum Aufgießen
Salz

Die Lammkeule in der Marinade (Öl, alle Gewürze außer Salz) etwa 24 Stunden beizen. Die gesalzene Keule mit dem Knoblauchöl von allen Seiten anbraten, in einer Bratreine in das vorgeheizte Backrohr (180°C) schieben und ab und zu mit der Gemüsebrühe begießen (Bratzeit: 60 - 80 Minuten).

Beilagenvorschlag: Eingelegte Pilze

1 kg kleine Champignons oder Egerlinge
1/4 l Kräuteressig
1 TL Kräuter der Provence
1/2 l Wasser
1 EL Kräuterwürze
1 TL Zucker

Die geputzten Pilze in den kochenden Sud (Kräuteressig, Salz, Zucker, Kräuter der Provence, Wasser) geben, 10 Minuten durchziehen lassen, eventuell den Sud nachwürzen und die Champignons bzw. Egerlinge heiß mit dem Sud in Schraubdeckelgläser füllen. Einige Tage durchziehen lassen.

Die eingelegten Pilze eignen sich auch als Beilage zu kaltem Fleisch.

Lammgulasch

375 - 500 g Lammschulter
1/8 l Lamm- oder Gemüsebrühe
1/8 l herber Weißwein
frische Kräuter wie Rosmarin, Knoblauch, Quendel
2 - 3 Sardellen
1/8 l süße Sahne
Sonnenblumenöl zum Anbraten
Salz

Die Lammschulter für Gulasch zurechtschneiden und nach und nach in einzelnen Portionen im Öl anbraten, gut würzen, mit der Flüssigkeit aufgießen, die Sardellen zugeben und langsam etwa 45 - 60 Minuten braten. Zum Schluß mit etwas süßer Sahne legieren. Die Sardellen vor dem Servieren aus dem Gulasch herausnehmen.

Beilagenvorschlag: Baguette aus Dinkelmehl und Butterbohnen

Schweinefilet in Provence-Kräutern

500 - 750 g Schweinefilet
1 kleine Zwiebel
1/2 Becher süße Sahne
50 g Butter
1/2 TL Kräuter der Provence
Salz

Das Schweinefilet salzen, mit Provence-Kräutern einreiben, von allen Seiten in Butter anbraten; Vorsicht bei der Hitze, damit die Butter nicht zu schnell bräunt. Die kleingeschnittene Zwiebel in die Pfanne geben und glasig garen. Das angebratene Schweinefilet nach 10 Minuten aus dem Bratenfond herausnehmen und warm stellen, damit der Saft gut durchziehen kann. Die Sahne in den Bratenfond geben, alles noch einmal aufkochen lassen und die Sauce über das Filet gießen. Vor dem Servieren das Filet in Scheiben schneiden und auf die Sauce legen.

Beilagenvorschlag: Princessbohnen, kleine Crepes, pikant, ohne Füllung

Rahmgulasch vom Kalb

375 - 500 g Kalbsgulasch
50 - 100 g Butter
2 - 3 Zwiebeln
Kräuter der Provence
1 Schuß Weißwein
1/2 - 1 Becher Creme fraiche
Gemüsebrühe zum Auffüllen
Salz

Das Kalbsgulasch in kleinen Portionen in der Butter anbraten; jede angebratene Portion warmhalten. Zum Schluß die Zwiebeln in der Butter dünsten, das Fleisch dazugeben und noch 5 Minuten weiterbraten. Mit heißer Gemüsebrühe aufgießen, würzen und 30 Minuten garschmoren. Mit Creme fraiche legieren und eventuell mit Dinkelmehl etwas andicken.

Beilagenvorschlag: Dinkelstrudel mit Gemüsefüllung

Kalbslende in feiner Kräutersauce

500 g gut abgehangene Kalbslende
je 1/2 TL frische Petersilie, frischer Liebstöckel, Melisse
5 EL Sonnenblumenöl
Salz
je 1 Prise Quendel, Bertram
1 Becher Creme fraiche

Öl und Kräuter gut vermengen und darin die ungesalzene Kalbslende einlegen. Etwa 12 Stunden abgedeckt im Kühlschrank durchziehen lassen. Kurz vor dem Braten das Fleischstück salzen und dann vorsichtig in warmer Butter gut anbraten. 15 - 20 Minuten langsam durchgaren. Damit das Fleischstück schön zart wird, dieses noch etwa 8 Minuten zum Durchziehen warm stellen. Den Bratenfond mit Creme fraiche binden.

Beilagenvorschlag: Dinkelnudeln, Broccoli in Butter und Petersilie geschwenkt

Hackbraten Hausfrauenart

375 g frisches Hackfleisch,
1 kleine Zwiebel
1 EL Dinkelhaferflocken
1 Ei
1 TL kleingehackte Petersilie
Salz
je 1 Prise Quendel, Paprika,
Pfeffer
400 - 500 g Karotten
500 g Kartoffeln

Aus allen Zutaten einen Hackfleischteig herstellen, wobei die Zwiebel feingeschnitten sein muß. Den Teig formen und in einer Bratreine in das vorgeheizte Bratrohr (200 °C) einschieben. Nach 20 Minuten das Gemüse und die Kartoffeln dazugeben, mit etwas Wasser oder Brühe aufgießen und nach 50 Minuten Garzeit servieren. Es können auch gleich zwei Hackbraten gefertigt werden.

Gekochtes Rindfleisch mit Kräutersauce

500 g Rindfleisch (Tafelspitz)
1 Lorbeerblatt
1 Zwiebel
1 Bund Suppengrün
3/4 l Wasser
Salz

Zutaten für die Sauce:
50 g Butter
1 EL Dinkelmehl
2 - 3 EL Creme fraiche
je 1 Prise Galgant, Quendel,
Bertram

Das Rindfleisch in das kochende Wasser geben, die Gewürze einmal aufkochen lassen, etwa 60 - 70 Minuten köcheln lassen. Das gare Fleisch in Scheiben schneiden und warm stellen. Für die Sauce 50 g Butter und 1EL Dinkelmehl zu einer Schwitze anrösten, würzen und mit Fleischbrühe aufgießen. Kleingehackte Petersilie, Schnittlauch, Salz und Creme fraiche runden den Geschmack ab.

Beilagenvorschlag: Dinkelgrießnockerl, größer als die für Suppeneinlage beschriebenen geformt und aus der doppelten Menge an Zutaten zubereitet, frischer Merrettich, frisches Mangoldgemüse

Rinderfilet mit Kräuterbutter

4 x 175 - 200 g Rinderfilets,
gut abgehangen
100 g Butter
Kräutersalz

Die Filetstücke auf eine fettlose heiße Grillpfanne geben, jede Seite 2 bis 3 Minuten braten, würzen und 5 Minuten warm stellen. Die Butter mit einer Gabel zerdrücken, Kräutersalz einarbeiten, die Butter in Alufolie geben und aus dem Ganzen eine Rolle formen. Scheiben schneiden und auf die Filets legen.

Beilagenvorschlag: Dinkelbandnudeln, in Kräuterwürze und Butter geschwenkt, Feldsalat

Rinderbraten

500 g Rinderfleisch
1 feingehackte Zwiebel
1 EL Kräuterwürze
1 Stück Dinkelbrotrinde
80 g Butter
1 Becher Creme fraiche
Salz, Pfeffer
Wurzel- oder Fleischbrühe
zum Auffüllen

Das gut gewürzte Fleischstück in der Butter von allen Seiten vorsichtig anbraten. Butter nicht schwarz werden lassen! Zwiebel, Kräuterwürze und Dinkelbrotrinde dazugeben und mit Flüssigkeit aufgießen. Bei geschlossenem Topf den Braten 1 1/2 Std. dämpfen. Nach Bedarf Flüssigkeit aufgießen. Den Bratenfond passieren, Creme fraiche einrühren und nachwürzen.

Beilagenvorschlag: Dinkelspinatspätzle, frische Salate

Schweinefilet in Kräutern der Provence, Rezept Seite 26

Rinderfilet mit Kräuterbutter, Rezept Seite 29

Gebratener Rehschlegel

600 - 700 g Rehschlegelfleisch
1 Suppengrün
1/2 TL Wacholderbeeren
1/2 TL Pfefferkörner
1 Lorbeerblatt
1/2 Becher süße Sahne
80 g Butter zum Anbraten
Salz
Pfeffer

Aus den Resten von Fleisch, Haut und Knochen einen Saucenfond zum Aufgießen auskochen. Falls das Tier älter ist, Wild in eine Buttermilch- oder Rotweinbeize legen, da die Beize das Fleisch mürbe macht. Backrohr auf 200 ° C vorheizen. Das Fleisch von allen Seiten mit Salz und Pfeffer gut würzen, mit Butter anbraten und etwas Fond dazugießen, Gewürze zugeben. In einer Bratreine mit geschlossenem Dekkel in das Backrohr geben. Nach etwa 20 Minuten Fond nachgießen; den Schlegel öfter mit Fond begießen. Nach 60 Minuten Garprobe vornehmen; man rechnet mit einer Garzeit von 60 - 80 Minuten. Fleisch warm stellen, den Bratensatz etwas einkochen, durch ein Sieb gießen und mit süßer Sahne auffüllen, nachwürzen.

Beilagenvorschlag: Dinkelspätzle, Preiselbeeren, in Butter gedünstete Pfifferlinge

Filet vom Wild in Weißweinrahmsauce

375 - 500 g Filet von Reh oder Hase
50 g Butter
1/16 - 1/8 l Weißwein
1 Zwiebel
1 Lorbeerblatt
5 schwarze Pfefferkörner
1/2 Becher süße Sahne
Salz

Das gesäuberte und gewürzte Filet in der Butter bei schwacher Hitze anbraten, Gewürze dazugeben, mit Weißwein aufgießen, langsam etwa 10 - 15 Minuten garen. Das Filet warm stellen, Bratensatz mit etwas Wasser und Sahne einmal aufkochen, durch ein Sieb gießen, nachwürzen und über das in Scheiben geschnittene Filet gießen.

Beilagenvorschlag: Breite Dinkelnudeln mit Pilzen und Spinat

Fisch

Fischfilet, gedünstet im Gemüsebett

750 g Fischfilet
1 Zitrone
1 große Karotte
1 Sellerie
1 kleine Zucchini
1 Zwiebel
50 g Butter
1 Schuß Weißwein
frische Petersilie
Salz

Säubern! Säuern! Salzen!

Den gesäuberten Fisch mit der Zitrone säuern und etwa 10 Minuten ruhen lassen, bevor er gesalzen wird. Hierdurch wird das Fleisch weißer und fester. In der Zwischenzeit eine Backform mit Butter ausstreichen und das roh geraspelte Gemüse zusammen mit der sehr fein geschnittenen Zwiebel im Rohr andünsten. Einen Schuß Weißwein dazugeben, das gewürzte Fischfilet auf das Gemüsebett legen und das Ganze etwa 20 - 25 Minuten durchdünsten. Mit frischer, gehackter Petersilie bestreuen.

Beilagenvorschlag: Baguette aus Dinkelmehl und grüner Salat

Fischfilet auf zartem Mangold

600 - 750 g Fischfilet
500 g Mangold
50 g Butter
frischer Pfeffer
100 g geriebener Gouda
1 Zitrone
Salz

Den blanchierten, mit Pfeffer und Salz gewürzten Mangold in eine ausgebutterte feuerfeste Form legen, die gewürzten Fischfilets in Portionsgröße auf den Mangold geben und das Ganze in einem vorgewärmten Rohr etwa 20 - 25 Minuten garen. Die letzten 5 Minuten den Käse darüber streuen, Form aus dem Rohr nehmen und sofort servieren.

Beilagenvorschlag: Baguette aus Dinkelmehl

Hechtbällchen in Buttersauce mit Kräutern

Zutaten für die Hechtbällchen:
250 - 300 g Hechtfilet ohne Gräten
1 Ei
1/8 Becher süße Sahne
1 Zitrone
frische Petersilie
Fischabfälle für den Fischsud
1/2 l Wasser
1/8 l Weißwein
1 Stück Sellerie
1 Karotte
1 Petersilienwurzel
Salz
Pfeffer

Fischabfälle in 1/2 Liter Wasser auskochen und abseihen. Mit 1/8 l Weißwein den Sud verlängern, ein Stück Sellerie, eine Karotte und eine Petersilienwurzel zerkleinern und in den Sud geben und weiter ziehen lassen. Das Hechtfleisch im Mixer zerkleinern, Ei und Sahne zugeben, mit Gewürzen mild abschmecken. Aus der Masse mit einem Löffel Bällchen ausstechen und in den Sud einlegen. Etwa 10 - 15 Minuten ziehen lassen.

Zutaten für die Buttersauce:
1 EL Dinkelmehl
30 g Butter
frische Petersilie
1/2 l Fischfond
Creme fraiche
Salz
Pfeffer

Butter zerlassen, mit Mehl eine Schwitze herstellen, mit Fischfond aufgießen und die Sauce mit den Gewürzen abschmecken. Die Fischbällchen auf einer vorgewärmten Platte anrichten und die Sauce darübergießen.

Beilagenvorschlag: Käsesoufflé, Champignons, gedünstet

Hechtbällchen mit Käsesoufflé, Rezept Seite 34

Verschiedene Seezungen- oder Schollengerichte

Pro Person 2 Seezungen- oder Schollenfilets
Zitronensaft
Wasser, Gemüsebrühe oder Fischsud
Butter
Salz
weißer Pfeffer

Für die Sauce:
2 Tomaten
1/2 Paprikaschote
100 g frische Champignons
30 g Butter
1/8 l Weißwein
einige gefüllte Oliven
1/2 Becher Creme fraiche
Salz
weißer Pfeffer

I. Art

Filets kurz abspülen, mit einem Haushaltstuch abtupfen und mit Zitronensaft beträufeln. Abgedeckt 10 Minuten stehen lassen. Vor der Verarbeitung leicht salzen und pfeffern. 1/4 - 1/2 l Flüssigkeit mit Butter und Zitronensaft aufkochen und die Filets hineinlegen, 5 Minuten bei schwacher Hitze ziehen lassen. Die Filets aus dem Sud heben und warm stellen.

Das angegebene Gemüse sehr fein zerkleinern und in Butter andünsten. Mit Fischsud aufgießen und etwa 5 Minuten köcheln lassen. Die feingeschnittenen Oliven in die Sauce geben, mit Creme fraiche binden und eventuell nachwürzen. Die Sauce über die warmen Seezungenfilets gießen und sofort servieren.

Pro Person 2 Seezungen- oder Schollenfilets
1 - 2 kleine Zwiebeln
30 g Butter
1 Piccoloflasche trockener Sekt
1 Becher süße Sahne
Salz

II. Art

Die fein gehackten Zwiebeln und die Butter erhitzen, keine Farbe annehmen lassen und mit Sekt aufgießen. Salzen und pfeffern. Einmal kurz aufwallen und die Seezungen- bzw. Schollenfilets 3 - 5 Minuten darin ziehen lasssen. Herausnehmen und warm stellen. Die Kochflüssigkeit etwas einkochen lassen. Die Sahne dazugeben und die Sauce bei schwacher Hitze dicklich werden lassen. Nachwürzen, die Sauce durch ein Haarsieb streichen und über den Fisch geben, sofort servieren.

Beilagenvorschlag: Baguette aus Dinkelmehl, Salat nach Jahreszeit

Pro Person 2 Seezungen- oder Schollenfilets
2 Zwiebeln
2 Karotten
1 Stück Sellerie
1/4 l Wasser
1/16 l trockener Weißwein
50 - 80 g Butter
2 Zweige Estragon
200 g Champignons
1 Becher süße Sahne
1 EL Tomatenmark
je 1 Prise Petersilie, Salbei, Majoran, Thymian
Salz
Pfeffer

III. Art

Die verschiedenen Gemüse und Kräuter zu einem Kräutersud aufkochen. Die Seezungen bzw. Schollenfilets etwas glattdrücken, auf einer Seite mit Butter bestreichen und würzen. Die Filets mit der bestrichenen Seite nach innen gerollt zusammenbinden oder zusammenstecken und in eine gebutterte, feuerfeste Auflaufform geben. Mit dem Sud und Weißwein aufgießen. In das vorgewärmte Backrohr schieben und etwa 15 - 20 Minuten ziehen lassen. Nach der Hälfte der Garzeit die geputzten und kleingeschnittenen Champignons dazugeben. Die Sahne und das Tomatenmark unterrühren, mit Gewürzen nachschmecken und mit frischen Estragonblättchen garnieren.

Beilagenvorschlag: Baguette aus Dinkelmehl

Pro Person 2 Seezungen- oder Schollenfilets
50 g Butter
1 Zwiebel
150 g Krabben
Zitrone
1/8 l Weißwein
1/8 l Brühe
1/2 Becher süße Sahne
1 Eigelb
frische Petersilie
Salz
Pfeffer

IV. Art

Die Seezungen- bzw. Schollenfilets säubern, salzen, leicht pfeffern und rollen. Die Butter in einem flachen Topf zergehen lassen, die Zwiebel fein schneiden und lichtgelb bräunen. Den Wein und die Brühe zugeben und erhitzen. Die Filets bei schwacher Hitze in dem Sud garziehen lassen. Nach 7 Minuten Garzeit die Krabben zufügen. Nach weiteren 10 Minuten Fisch und Krabben auf einer warmen Platte anrichten. Den Sud etwas einkochen, mit Sahne und Eigelb legieren, nachwürzen und die Sauce über die Röllchen gießen. Mit frischer Petersilie garnieren.

Beilagenvorschlag: Baguette aus Dinkelmehl und Kopfsalat

Seezunge und Schollenfilet mit Krabbenfüllung, Rezept Seite 37

Der schnelle Fischtopf mit geschnittenem Gemüse, Rezept Seite 40

Der schnelle Fischtopf

80 g Butter
500 - 750 g Seefische
2 Knoblauchzehen
1 Zwiebel
1 kleine Karotte
1 Kartoffel
1 Zucchini (oder anderes passendes Gemüse)
1 Paprikaschote
1/8 l Weißwein
3/4 l Wasser oder Brühe
frische Kräuter wie Petersilie, Dill oder Schnittlauch
Salz
Pfeffer
je 1 Prise Bertram, Quendel

Die Butter in einem Suppentopf zergehen lassen, das fein geraspelte Gemüse in der Butter gut andünsten, mit Wasser oder Brühe aufgießen, Weißwein und alle Gewürze dazugeben. Den in Stücke geschnittenen Fisch in die kochende Suppe einlegen. Etwa 10 Minuten ziehen lassen und nachwürzen. Mit frischen Kräutern servieren.

Beilagenvorschlag: Dinkelweißbrot, getoastet

Feine Fischfilets, in Butter gebraten

4 Seezungen- oder Schollenfilets
1 Zitrone
1 Ei
Dinkelmehl
Salz
Pfeffer

Die Seezungen- bzw. Schollenfilets gut würzen, in Ei und Mehl wenden und in Butter langsam von beiden Seiten bräunen. Auf einer vorgewärmten Platte anrichten und mit Zitronenscheiben garnieren.

Beilagenvorschlag: Baguette aus Dinkelmehl und Gurkensalat

Fischfilet-Safran-Topf

150 g Rotbarsch
75 g Shrimps
100 g Zwiebeln
2 Knoblauchzehen
150 g Kartoffeln
1 Zucchini
2 Tomaten
2 EL Olivenöl
1 l Brühe
1/2 EL Essig
1 Lorbeerblatt
3 Safranfäden
2 Zweige Rosmarin, Thymian
Salz
1 Prise Pfeffer

Gemüse waschen; Zucchini, Kartoffeln in Stifte schneiden und in Öl anbraten. Brühe und Essig aufgießen, Gewürze zufügen und etwa 15 Minuten garen. 10 Minuten vor Ende der Garzeit die gewürzten Fischstücke und die in Viertel zerteilten Tomaten zufügen; anschließend den Eintopf nur noch leicht ziehen lassen.

Beilagenvorschlag: Baguette aus Dinkelmehl

Fischsoufflé

200 g Fischfilet
50 g Krabben
1/2 l Milch
50 g Butter
120 - 150 g Dinkelmehl
fein gehackter Dill
4 Eier
Salz
Pfeffer
Muskat

Milch und Butter zum Kochen bringen, das gesiebte Mehl dazugeben und zu einem dicken Brei verrühren. Nach und nach die Eigelb hinzugeben und gut unter die Masse rühren. Den leicht angedünsteten Fisch zerpflücken und über die Masse geben, ebenso die Krabben und die Gewürze. Den fest geschlagenen Eischnee über den Fisch legen und mit einem Teigschaber vorsichtig in den Teig einarbeiten. Das Ganze in eine gebutterte Auflaufform geben und das Soufflé etwa 40 Minuten bei 180 - 200 °C backen. Sofort servieren, da sonst das Soufflé zusammenfällt.

Beilagenvorschlag: Kleine Salatplatte nach Jahreszeit

*Fangfrische Regenbogen-
forellen aus klaren Gewässern*

Pikanter Fischstrudel

Zutaten für den Strudelteig:
200 g Mehl
2 EL flüssige Butter
ca. 100 ml lauwarmes Wasser
Salz

Zutaten für die Füllung:
300 g Fischfilet oder Krebsfleisch
500 g Gemüse nach Wahl
2 EL flüssige Butter
Salz
Zucker
Pfeffer

Zutaten für die Kräutersauce:
1 Becher Creme fraiche
1/2 Becher Sahne-Joghurt
Kräuter nach Wahl,
1 TL Kräuterwürze
ca. 1/2 Bund Schnittlauch,
1/2 Bund Dill
Zucker

Mehl mit flüssiger Butter, Salz und lauwarmem Wasser zu einem mittelfesten Teig verkneten, gut schlagen bis er Blasen wirft, mit flüssiger Butter bestreichen und abgedeckt auf einem Teller 15 - 20 Minuten ruhen lassen.
Den Strudelteig auf einem bemehlten Handtuch ausrollen, nach allen Seiten ausziehen und mit flüssiger Butter bestreichen. Das roh geraspelte Gemüse auf dem Strudel verteilen, darauf den in Stücke zerpflückten Fisch geben, würzen. Alle vier Seiten des Strudels einschlagen, vorsichtig mit dem Handtuch einrollen und auf ein mit Backpapier ausgelegtes Backblech legen. Den Strudel dünn mit flüssiger Butter bestreichen und in das vorgeheizte Rohr auf die Mittelschiene einschieben und 40 - 45 Minuten bei 200 ° C backen.

Für die Kräutersauce die gehackten Kräuter, Kräuterwürze, Creme fraiche und Joghurt vermischen, kurz durchziehen lassen.

Beilagenvorschlag: verschiedene Blattsalate nach Saison mit Salatsauce aus 1 EL kaltgepreßtem Öl, 3 EL Sonnenblumenöl, frische Kresse, 1/2 EL Essig, 1 EL süße Sahne, Salz, Zucker

Verschiedene Köstlichkeiten

Dinkelspätzle

350 g Dinkelmehl
1/8 - 1/4 l Wasser
2 - 3 Eier
Salz

Aus Mehl, Wasser, Eiern und Salz einen sehr dickflüssigen, zähen Teig herstellen, der sich gut abschlagen läßt und reißend in die Spätzlemaschine gleitet. In kochendem Salzwasser portionsweise die Spätzlemasse abkochen. Sobald die Spätzle an der Oberfläche schwimmen, diese mit einem Schaumlöffel abschöpfen und sie sofort in eine Schüssel mit kaltem Wasser legen. Nach dem Abschrecken die Spätzle in einem Sieb abgießen und locker auf einem Küchenbrett ausbreiten.

Spinatspätzle: Gleiche Mehlmenge wie bei Dinkelspätzle. 200 g aufgetauten Tiefkühlspinat sowie 2 Eier, Salz und nur soviel Wasser einarbeiten, daß ein schwerreißender Teig entsteht.

Dinkelnudeln

300 - 350 g Dinkelmehl
2 - 3 Eier
4 - 5 EL kaltes Wasser
Salz

Das Dinkelmehl auf ein Backbrett sieben, salzen, die Eier in die Mitte des Mehles geben und mit der Teigkarte unterarbeiten. Nach und nach das Wasser einarbeiten, so daß ein glatter, mittelfester Teig entsteht. Gut schlagen und kneten. Teig abgedeckt etwas ruhen lassen. Teig dünn ausrollen, breite Streifen schneiden, leicht antrocknen lassen und in Salzwasser abkochen. Bei Verwendung einer Nudelmaschine den Nudelteig nach Anweisung herstellen.

Spinatnudeln: Gleiche Zutaten, aber Wasser nur nach Bedarf dazugeben, nur 2 Eier verwenden; zusätzlich ca. 200 g tiefgekühlter Spinat.

Dinkelsahnenudeln, mit Zuckermais und Käse überbacken

250 g Dinkelbandnudeln
2 Eier
300 g Zuckermais
1 Becher Creme fraiche
50 g Butter
50 g Käse
Salz
Pfeffer

Die Bandnudeln in reichlich Salzwasser „al dente" abkochen, mit dem gedünsteten Zuckermais vermengen und in eine gebutterte Auflaufform geben. Eier, Creme fraiche und Gewürze gut verschlagen und über die Masse gießen. Dick mit Käse bestreuen und im vorgeheizten Backrohr 20 - 25 Minuten bei 180 - 200 °C backen.

Beilagenvorschlag: Endiviensalat, andere Salate nach Jahreszeit

Dinkelbandnudeln, in Butter und frischem Basilikum geschwenkt

250 g Dinkelbandnudeln
50 g Butter
1 Zweig frisches Basilikum
Salz

Die Nudeln in reichlich Salzwasser „al dente" abkochen, abgießen, in hellbrauner Butter mit dem frischen Basilikumblatt schwenken und zu Tisch bringen.

Beilagenvorschlag: frische Tomatensauce und Salat

Grüne Dinkelnudeln mit Bavaria-blue-Käse und frischen Egerlingen

375 g grüne Dinkelnudeln
(Spaghetti oder Bandnudeln)
100 g Bavaria-blue-Käse
200 g frische Egerlinge
50 g Butter
Salz
Pfeffer

Die Nudeln in reichlich Salzwasser „al dente" kochen, abgießen. Eine Auflaufform mit Butter ausstreichen, Nudeln hineingeben, die feinblättrig geschnittenen Egerlinge untermischen, mit Salz und Pfeffer würzen und etwas flüssige Butter darübergießen. Über das Ganze den in Flöckchen geschnittenen Käse verteilen. Etwa 10 - 15 Minuten bei 180 - 200 °C durchziehen lassen und sofort servieren.

Beilagenvorschlag: frischer Kopfsalat

Dinkelstrudel mit Gemüse nach Wahl und Krebsfleisch, Rezept Seite 44

Dinkelstrudel mit Gemüsefüllung

Zutaten für den Strudelteig:
Menge für 2 kleine Strudel
250 g Dinkelmehl
50 - 75 g flüssige Butter
ca. 1/8 - 1/4 l lauwarmes Wasser
Salz

Mehl mit flüssiger Butter, Salz und lauwarmem Wasser zu einem mittelfesten Teig verkneten, gut schlagen bis er Blasen wirft, mit flüssiger Butter bestreichen und abgedeckt auf einem Teller 15 - 20 Minuten ruhen lassen.

Gemüsefüllung nach Wahl vorbereiten.

Zutaten für Füllung I:
500 g Karotten
250 g Fenchel
250 g Zucchini
1 Bund Schnittlauch
50 g flüssige Butter oder 1 kleiner Becher Creme fraiche oder saure Sahne

Zutaten für Füllung II:
250 g Sellerie
250 g Fenchel
250 g Kürbis
1 Bund Schnittlauch
1 Bund Petersilie
50 g flüssige Butter oder 1 kleiner Becher Creme fraiche oder saure Sahne

Zutaten für Füllung III:
250 g Karotten
250 g Kartoffeln
250 g feine Erbsen oder Kaiserschoten
250 g gelbe Zucchini
1 Bund Schnittlauch
1 Bund Petersilie
50 g flüssige Butter oder 1 kleiner Becher Creme fraiche oder saure Sahne

Zutaten für Füllung IV:
500 g Champignons, feinblättrig geschnitten
250 g Zwiebeln
250 g grüne Zucchini
1 Bund Schnittlauch
1 Bund Petersilie

Zutaten für Füllung V:
500 g Karotten
500 g Krabben
1 Bund frischer Dill

Zutaten für Füllung VI:
500 g bunter Paprika
375 g Rinderhackfleisch
125 g Zwiebeln

Den Strudelteig in zwei Teile teilen; den ersten auf einem bemehlten Handtuch ausrollen, nach allen Seiten ausziehen, nicht zu dünn mit flüsssiger Butter bestreichen. Das roh geraspelte Gemüse mischen und auf den Strudel verteilen. Mit einer Prise Galgant, Bertram und Quendel würzen. Leicht salzen und etwas Zucker auf das Gemüse geben. Frisch gehackte Kräuter darüberstreuen. Alle vier Seiten des Strudels einschlagen, vorsichtig mit dem Handtuch aufrollen und auf ein mit Backpapier ausgelegtes Blech legen. Mit dem zweiten Teil des Strudels genauso verfahren. Beide Strudel dünn mit flüssiger Butter bestreichen und in das vorgeheizte Rohr auf die Mittelschiene einschieben und 40 - 45 Minuten bei 200 °C backen.

Dinkel-Käse-Grießauflauf

1 l Milch
200 - 250 g Dinkelgrieß
50 g Butter
200 g Emmentaler gerieben
3 Eier
1 EL Dinkelsemmelbrösel
1 EL Kräuterwürze
1 Prise Muskat

Milch zum Kochen bringen, Grieß einstreuen und das Ganze unter ständigem Rühren zu einem festen Brei quellen lassen. Butter, verquirlte Eier, Käse und Gewürze unterheben und in eine ausgebutterte Auflaufform füllen. Mit Butterflöckchen und Dinkelsemmelbrösel bestreuen und 25 - 30 Minuten bei 180 °C im Backrohr garen.

Beilagenvorschlag: Paprika-Tomaten-Salat

Dinkelmahlprodukte aus der Kumpfmühle bei Prien am Chiemsee.

Kumpfmühle bei Prien
von
Andreas Schuster

Quiche mit köstlichen Füllungen

300 g Dinkelmehl
150 g Butter
1 Ei
Paprika
Salz
Pfeffer
1 Prise Quendel

Aus den angegebenen Zutaten mit Salz, Pfeffer und Paprika einen Mürbeteig herstellen und diesen kalt stellen.

Beispiele für Füllungen:
Pilzfüllung:
Zutaten: 3 Eier
750 g Egerlinge, Mischpilze oder Steinpilze
50 g Butter
Zwiebel
Petersilie, Schnittlauch
Salz
Pfeffer
1 Prise Bertram

Die geputzten Pilze feinblättrig schneiden, die feingehackte Zwiebel dazugeben, leicht salzen und pfeffern. Creme fraiche, Eier, Kräuter und etwas Salz gut verquirlen, Pilze untermischen und in einen 10 Minuten im Backrohr vorgebackenen Quicheteig einfüllen. 30 - 40 Minuten bei 200 °C backen. Sollte Teig übrigbleiben, weil die Form zu klein ist, kann man noch einen Deckel formen. Diesen vorsichtig auf die leichtgestockte Füllung geben, mit Eigelb bestreichen und den Deckel mit einer Gabel mehrmals einstechen.

Spinatfüllung:
Zutaten:
750 - 1000 g frischer Blattspinat, kurz blanchiert
200 g Schafkäse
3 Eier
1/8 l süße Sahne
Salz
Pfeffer
Muskat

Den abgekühlten Spinat mit dem in kleine Würfel geschnittenen Käse mischen und in die vorgebackene Quicheform geben. Die Eiersahne pikant abschmecken und über den Spinat gießen, abbacken.

Gemüsepie

Zutaten für Mürbeteig:
50 g Dinkelmehl
150 g Dinkelschrot feinster Mahlung
150 g Butter
1 Ei
Salz
eventuell etwas saure Sahne, falls der Teig zu fest wird

Zutaten für Gemüsefüllung:
800 g Gemüse z.B. Erbsen, Zucchini, Karotten oder Mais
2 Eier
1 Becher Creme fraiche
100 g geriebener Gouda
Salz
Zucker
Pfeffer

Aus den angegebenen Zutaten einen Mürbeteig herstellen, den man in eine ausgefettete runde Backform gibt und 10 Minuten ohne Füllung abbäckt.

Zucchini und Karotten durch die Rohkostmaschine klein raspeln, Mais und Erbsen zugeben, gut würzen und auf den Teig legen. Aus Eiern, Creme fraiche und Käse eine Sauce verquirlen und diese über die Gemüsemasse gießen. Im vorgeheizten Backrohr 30 - 40 Minuten bei 180 °C backen.

Beilagenvorschlag: frischer Salat nach Jahreszeit

Käsesoufflé

40 g Butter
2 EL Dinkelmehl
1/8 - 1/4 l Milch
50 - 75 g Goudakäse, gerieben
3 Eier
Salz
Je 1 Prise Galgant, Quendel, Bertram

Butter zerlassen, Mehl einrühren und die Masse bei schwacher Hitze zu einem Mehlkloß verrühren. Milch zugeben und den Kloß zu einem dicken Brei glatt rühren. Gewürze und Käse zugeben, Eigelbe unterschlagen. Nach dem Abkühlen Eiweiß steif schlagen und einarbeiten. Den Teig in eine ausgefettete Backform geben. 15 - 20 Minuten bei 180 °C goldgelb backen.

Seidenhühner, die Eier für die Feinschmeckerküche.

Verschiedene Dinkelnudelsorten mit der Nudelmaschine gefertigt, mit Tomatenketchup und Spinat gefärbt.

Kürbispfannkuchen

400g Dinkelmehl
1 EL Sahne
3 - 4 Eier
300 g Kürbisfleisch, roh geraspelt
2 EL geröstete Sonnenblumenkerne
Salz
Galgant, Bertram, Beifuß, Ysop
u.a., je nach Geschmack

Aus den Zutaten einen Teig herstellen und in einer Pfanne kleine Pfannkuchen backen.

Beilagenvorschlag: Salat

Gnocchi aus Dinkelgrieß

3/4 l Milch
150 - 180 g Dinkelgrieß
50 g Butter
1 EL Kräuterwürze
2 Eier zum Überbacken
1/8 l Milch
50 g geriebener Käse

Aus Milch, Grieß, Butter und Salz einen festen Grießbrei herstellen. Die Masse auf einem feuchten Kuchenblech aus- und mit einer Palette glattstreichen. Nach dem Auskühlen kleine Quadrate ausschneiden oder Halbmonde ausstechen und fächerförmig in eine gut ausgebutterte Form legen. Mit Eiermilch übergießen und mit geriebenem Käse bestreuen. Etwa 20 - 30 Minuten bei 180 °C im Backrohr überbacken.

Beilagenvorschlag: frisches Tomaten-Zwiebelgemüse, Salat oder Tomatensauce.

Dinkelgrieß pikant

50 g Butter
1 Zwiebel feingehackt
1 1/2 Tasse Dinkelgrieß
3 Tassen heißes Wasser oder Fleischbrühe
1 - 1 1/2 EL Kräuterwürze
2 - 3 EL Gouda oder Emmentaler

Die Butter schmelzen und die feingehackte Zwiebel glasig dünsten. Den Grieß untermischen und etwas anrösten. Mit Flüssigkeit aufgießen und die Kräuterwürze dazugeben. Bei schwacher Hitze langsam ca. 10 - 15 Minuten quellen lassen.
Mit Käse bestreut servieren.

Beilagenvorschlag: Salatplatte

Grießauflauf mit frischem Quark

3/4 l Milch
180 g Dinkelgrieß
2 Eier
30 g Butter
80 g Zucker
abgeriebene Schale einer ungespritzten Zitrone
500 g Quark
1 Prise Salz
Butter zum Ausstreichen der Form

Aus der Milch und dem Dinkelgrieß einen Grießbrei herstellen. Die Eier mit dem Zucker cremig schlagen, den Quark zugeben und unter den Brei rühren, mit Gewürzen abschmecken. In eine gut gebutterte Auflaufform füllen und ca. 45 Minuten bei 180 - 200 °C backen. Sofort servieren.

Beilagenvorschlag: Zucker und Zimt
Kompott nach Jahreszeit

Schaumomelette

6 Eier (getrennt)
50 g Butter
2 EL gesiebtes Dinkelmehl
Salz

Das Eiweiß mit einer Prise Salz sehr steif schlagen, das verquirlte Eigelb über den Schnee gießen, das gesiebte Mehl vorsichtig dazugleiten lassen und alles mit einem Teigschaber vermengen. Eine tiefere Pfanne mit Butter dick ausstreichen und die Schaummasse auf die erhitzte Pfanne geben. Mit dem Pfannendeckel die Masse zudecken und das Omelette bei 180 - 200 °C langsam garen (10 - 15 Minuten). Nach dieser Zeit vorsichtig den Pfannendeckel abheben und das Omelette auf eine vorgewärmte Platte bis zur Hälfte gleiten lassen, mit verschiedenen Arten von Gemüse füllen und die andere Hälfte des Omelettes über die Füllung schlagen. Sofort servieren.

Beilagenvorschlag: in Butter gedünsteter Spinat oder Karotten, Erbsen, Mangold, Zucchini, Pilze, Spargel;
mit Parmesan bestreuen.

Gnocchi aus Dinkelgrieß auf frischer Tomatensauce, Rezept Seite 56

Schaumomelette mit frischer Champignonfüllung, Rezept Seite 57

Feine Crêpes aus Dinkelmehl und Dinkelschrot

100 g Dinkelmehl
100 g Dinkelschrot feinster Mahlung
4 Eier
50 g lauwarme Butter
1/4 l Milch
1/8 l Wasser
1 Prise Salz
1 Prise Galgant

oder:
125 g Dinkelmehl
125 g Dinkelschrot feinster Mahlung
3 Eier
1/2 l Milch
1 EL Öl
1/2 TL Salz
1 Prise Galgant

oder :
200 g Dinkelmehl
4 Eier
ca. 1/2 l Milch oder 1/4 l Milch und 1/4 l Wasser
50 g Butter
1 Prise Salz

für süße Crepes:
1 EL Zucker
2 EL Rum

Dinkelmehl und Dinkelschrot mischen. In die Mitte Eier, Flüssigkeit und Gewürze geben. Die Masse mit dem Haushaltsquirl gut verschlagen, so daß ein dünnflüssiger Teig entsteht. Die aufgelöste Butter lauwarm daruntergeben. Den Teig mindestens 20 Minuten quellen lassen. Eine Pfanne mit möglichst dickem Boden etwa 5 Minuten erhitzen. Die Pfanne mit einem Backpinsel dünn mit Butter ausstreichen und den flüssigen Teig hauchdünn auf den Pfannenboden gießen. Sobald die Oberfläche fest ist, vorsichtig mit einem Pfannenheber die Crêpes wenden. Die Crêpes leicht braun werden lassen. Die weiteren Crêpes benötigen keine ausgefettete Pfanne mehr.

Füllungen für die Crêpes

Zutaten für Füllung I:
250 g Champignons, feinblättrig geschnitten
2 - 3 Tomaten, klein geschnitten
50 g Emmentaler, gerieben
2 EL Butter
Zitronensaft nach Geschmack
Salz
1 Prise Pfeffer
1 Prise Muskat

Zutaten für Füllung II:
500 g grüne und rote Paprikaschoten, fein geschnitten
1 - 2 Zwiebeln, fein geschnitten
1 EL Öl
1/2 TL Rosenpaprika
1 EL Petersilie
1 Prise Estragon
Salz
1 Prise Pfeffer

Zutaten für Füllung III:
150 g Rindergehacktes
100 g durchwachsener Speck, fein geschnitten
150 g Emmentaler Käse, gerieben
1 EL Dinkelflocken
1 Ei
30 g Butter
1 Zwiebel, fein geschnitten
2 Tomaten, fein geschnitten
Salz
1 Prise Pfeffer

Jede dieser Füllungen andünsten und in die Crêpes einrollen. Gegebenenfalls mit Käse überstreuen und ca. 10 Minuten im vorgeheizten Backrohr bei 160 - 180 °C überbacken.

Zutaten für Füllung IV:
500 g Magerquark
100 g Zucker
2 Eier
1/2 Mark einer Vanilleschote

Die Zutaten gut vermischen, die Crêpes damit füllen und im vorgeheizten Backrohr ca. 30 Minuten bei 160 - 180 °C backen.

Zutaten für Füllung V:
Quittenmarmelade
Zitronensaft
1 EL Cointreau

Quittenmarmelade mit etwas Zitronensaft und 1 EL Cointreau verrühren, die Crêpes damit dünn bestreichen und fächerförmig zusammenlegen. 10 Minuten im vorgeheizten Rohr bei 190 °C erwärmen. Eventuell mit Puderzucker bestreuen.

Desserts

Bayerische Creme

2 Eier
2 - 3 EL Zucker
2 Becher süße Sahne
5 Blatt Gelatine
Mark einer Vanillestange

Die Eier schaumig schlagen, nach und nach Zucker zugeben und weiterschlagen, bis die Masse cremig wird. Sahne steif schlagen, Vanillemark zugeben. Die in kaltem Wasser eingeweichte, bei schwacher Hitze aufgelöste Gelatine mit etwas Eicreme abschrecken und in die restliche Eicrememasse einschlagen. Die steife Sahne unterheben und in eine Dessertschüssel füllen. Kühl stellen.

Beilagenvorschlag: Himbeeren und Teekuchen

Karamelcreme

Menge für vier kleine Förmchen
Zutaten für den Karamel:
50 g Zucker
1/16 l heißes Wasser

Zutaten für die Creme:
1/8 l Milch
1/8 l süße Sahne
Mark einer 1/2 Vanille-Stange
2 Eier
1 - 2 EL Zucker

Zucker in einem kleinen Topf zum Schmelzen bringen und unter ständigem Rühren bräunen, mit heißem Wasser ablöschen. Den Karamel in die mit wenig Öl ausgeriebenen feuerfesten Förmchen aufteilen. Milch, Sahne und Vanille erhitzen, vorsichtig die mit Zucker verrührten Eier einrühren. Diese Mischung auf die Förmchen verteilen. Zugedeckt im Wasserbad stocken lassen. Die noch lauwarmen Förmchen auf Dessertteller stürzen.

Beilagenvorschlag: Gewürzplätzchen

Bayerische Creme, Rezept Seite 62

Mousse au Chocolat

2 Eier
2 - 3 EL Zucker
2 Becher süße Sahne
1 - 1 1/2 Tafeln Zartbitter-schokolade oder Moccaschokolade
1 Schuß Rum

Die Schokolade im Wasserbad auflösen. Die Eier schaumig schlagen, nach und nach den Zucker zugeben, bis eine cremige Masse entsteht. Sahne steif schlagen. Die Eimasse in die aufgelöste Schokolade fest einrühren, steife Sahne unterrühren, mit Rum abschmecken und in eine Dessertschüssel füllen. Kühl stellen.

Beilagenvorschlag: Vanillekipferl, Kleetaler

Kastanienschnee

450 g fertiges Eßkastanienmus
80 - 100 g Zucker
1 EL hochprozentiger Rum
1 EL Kakao
6 Blatt Gelatine
2 Becher süße Sahne

Das Kastanienmus cremig verrühren, Zucker, Kakao und Rum zugeben. Die Masse in die aufgelöste Gelatine einrühren und die Hälfte der geschlagenen Sahne zugeben. Das Ganze steif werden lassen. Die festgewordene Masse durch eine Kartoffel- oder Spätzlepresse vorsichtig auf die Mitte einer Dessertplatte drücken. Die weitere Hälfte der geschlagenen Sahne mit Zucker abschmecken und um den Kastanienschnee herum spritzen. Kühl stellen.

Amarettocreme

2 Eier
2 - 3 EL Zucker (wegen der süßen Aprikosenmarmelade Zucker sparsam verwenden)
2 Becher süße Sahne
1/2 Glas Aprikosenmarmelade
2 - 3 EL Amaretto
5 Blatt Gelatine

Die Eier schaumig schlagen, nach und nach Zucker zugeben und weiterschlagen, bis die Masse cremig ist. Sahne steif schlagen, Aprikosenmarmelade unter die Sahne heben. Die in kaltem Wasser eingeweichte, dann bei schwacher Hitze aufgelöste Gelatine mit etwas Eicreme abschrecken. Die Gelatine in die restliche Eicrememasse einrühren, die steife Sahne unterschlagen, die Creme mit Amaretto abschmecken und in eine Dessertschüssel füllen. Kühl stellen.

Beilagenvorschlag: Gewürzplätzchen

Eistorte

Zutaten für die Bisquitmasse:
100 g Dinkelmehl, gesiebt
4 - 5 Eier
75 g Zucker
abgeriebene Schale einer ungespritzten Zitrone

Zutaten für die Füllung:
1 Glas Aprikosenmarmelade
1 EL Orangen- oder Mandellikör

Zutaten für die Eismasse:
2 Eier
2 EL Zucker
2 Becher süße Sahne
1 EL Orangen- oder Mandellikör

Die ganzen Eier mit Zucker cremig schlagen, abgeriebene Zitronenschale zugeben. Mit dem Handquirl (Stufe 1) das Mehl kurz in die Eicreme einrühren. Teig auf ein mit Pergamentpapier belegtes Backblech gleichmäßig verteilen und im vorgeheizten Backrohr 8 - 10 Minuten bei 180 °C goldgelb abbacken. Aprikosenmarmelade mit dem Likör sämig rühren, auf die fertig gebackene Bisquit-Oberfläche streichen und das Ganze zu einer Rolle formen. Die ausgekühlte Bisquitrolle in Scheiben schneiden; mit diesen eine runde Schüssel auslegen.

Für die Eismasse die ganzen Eier mit dem Zucker cremig schlagen und mit Likör abschmecken. Die Sahne steif schlagen und unter die Eicreme heben. Das Ganze in die mit den Bisquitscheiben ausgelegte Schüssel einfüllen. Die Eismasse mit den Resten der Bisquitrolle abdecken. In Folie verschlossen einfrieren.

Zimteisbombe

2 Becher süße Sahne
2 Eier
2 - 3 EL Puderzucker
2 TL Zimt
1 TL Kakao

Die ganzen Eier mit dem Puderzucker cremig schlagen, Zimt und Kakao unterrühren. Die geschlagene Sahne zugeben und die Masse zum Einfrieren in eine runde Schüssel einfüllen.

Beilagenvorschlag: Feines Dinkelgebäck

Eistorte, Rezept Seite 65

Zimteisbombe, Rezept Seite 65

Gebäck

Der schnelle Saisonkuchen

125 - 150 g Butter
1 Tasse Zucker; falls die Früchte sehr sauer sind, eventuell mehr Zucker
2 große Eier
1 1/2 Tasse Dinkelmehl
1/2 Tasse Dinkelgrieß; falls der Teig zu flüssig ist, etwas mehr Dinkelgrieß
1/2 Päckchen Backpulver
500 - 600 g Obst nach Jahreszeit

Aus den angegebenen Zutaten einen dickflüssigen Rührteig herstellen. Den Teig in eine mit Butter und Mehl ausgelegte Springform füllen, dick mit Obst nach Jahreszeit belegen (z.B. Äpfel, Birnen, Kirschen, Zwetschgen, Mirabellen). Etwa 1 Stunde bei 160 - 180 °C backen. Noch warm, die Früchte mit Zucker bestreuen. Ist der Teig zu fest und sind die Früchte nicht saftig genug, etwas sauren Rahm oder auch Milch zugeben. Das Rezept läßt sich mit der Zugabe von Rosinen, Zitronat und geriebenen Nüssen verfeinern.

Rüblikuchen

Zutaten für den Kuchen:
6 Eier
200 g Puderzucker
200 g fein geraspelte Karotten
300 g Haselnüsse oder Mandeln
80 g Dinkelmehl
Schale einer ungespritzten Zitrone
1 Prise Salz
1 Prise Nelken
1 Prise Zimt

Zutaten für den Überzug:
1/2 Glas Aprikosenmarmelade
1 Päckchen gehobelte Mandeln

Die ganzen Eier mit dem Handrührgerät schaumig schlagen, nach und nach den Puderzucker zugeben und weiterschlagen, bis eine cremige Masse entstanden ist. Alle Gewürze, sowie Nüsse oder Mandeln zufügen. Das gesiebte Mehl unterheben und das Ganze in eine mit Butter und Semmelbrösel ausgelegte Springform einfüllen; im vorgeheizten Rohr 50 - 60 Minuten bei 160 °C backen. Den fertigen Kuchen mit heißer Aprikosenmarmelade bestreichen und mit vorher auf einer Pfanne gerösteten Mandeln bestreuen.

Anstelle der Karotten kann man auch Zucchini oder Kürbis verwenden.

Schokoladentorte

6 ganze Eier
200 g Puderzucker
130 g aufgelöste bittere Schokolade
130 g Butter
130 g Dinkelmehl

Zutaten für den Guß:
1 Glas Aprikosenmarmelade
1 großer Becher Schokoladenüberzugsmasse

Die ganzen Eier mit dem Handquirl schaumig schlagen, den Puderzukker nach und nach zugeben und eine sehr cremige Masse herstellen. Die Schokolade im Wasserbad schmelzen, einen Teil der Butter mit auflösen und zum Abkühlen dieser Mischung den Rest der Butter sofort unterrühren. Die Eischaummasse durch Schlagen mit dem Quirl in die Schokoladenmischung einrühren, das gesiebte Dinkelmehl vorsichtig unter die Masse geben. Den fertigen Teig in eine mit Butter und Mehl ausgestäubte Springform einfüllen. Den Kuchen im vorgeheizten Backrohr 50 - 60 Minuten bei 150 °C abbacken. Den ausgekühlten Kuchen mit der durch ein Sieb gedrückten und erhitzten Aprikosenmarmelade bestreichen. Nach dem Erkalten der Marmelade die aufgelöste Schokoladenüberzugsmasse auf die Mitte des Kuchens gießen und durch Verkanten des Kuchens gleichmäßig auf der Oberfläche verlaufen lassen, den Rand mit gleicher Schichtdicke überziehen.

Käsegebäck

250 g Dinkelmehl
250 g Butter
250 g geriebener Emmentaler oder Gouda
1 Eigelb, mit Wasser verdünnt, zum Bestreichen
Paprika
Salz
Pfeffer
Gewürze wie Mohn, Kümmel oder Sesam zum Bestreuen

Aus den angegebenen Zutaten einen Mürbeteig herstellen und ausrollen. Diesen mit kleinen Förmchen ausstechen oder mit dem Teigrädchen entsprechende Streifen ausradeln. Mit Eigelb bestreichen und abwechselnd mit den verschiedenen Gewürzen bestreuen. Bei 180 °C goldgelb abbacken. In Blechdosen aufbewahren.

Schokoladentorte, Rezept Seite 69

Mürbeteigschiffchen, Rezept Seite 72

Mürbeteigschiffchen

Entweder 250 g Dinkelmehl
oder 125 g Dinkelmehl und 125 g
Dinkelschrot feinster Mahlung
100 g Zucker
125 g Butter
1 Ei
abgeriebene Schale einer
ungespritzten Zitrone

Aus den angegebenen Zutaten einen Mürbeteig herstellen, ausrollen und den Teig über die ausgefetteten Förmchen legen, vorsichtig festdrücken und mit einem Messer die Teigförmchen ausschneiden.

Zutaten für süße Füllung:
150 g Mandeln, gehobelt
50 g Zucker
1 EL Rum
2 EL süße Sahne

Die Masse gut vermischen und in die Förmchen füllen, etwa 20 - 25 Minuten bei 160 °C goldgelb backen. Noch warm, vorsichtig vom Förmchenrand lösen.

Zutaten für pikante Füllung:
100 g geriebener Emmentaler
oder Gouda
1 Ei
1 - 2 EL süße Sahne
Pfeffer

Diese Masse in die Förmchen füllen und abbacken wie die süße Füllung.

Feine Mürbeteigplätzchen

175 g Dinkelmehl
125 g Kartoffelmehl
125 g Butter
80 -100 g Zucker
1 Ei
Mark einer 1/2 Vanillestange
1 Eigelb zum Bestreichen
gehackte Nüsse zum Bestreuen

Aus den angegebenen Zutaten einen Mürbeteig kneten, Plätzchen nach Wunsch ausstechen, mit Eigelb bestreichen, mit Nüssen bestreuen und 8 - 12 Minuten bei 160 °C goldgelb backen. In Blechdosen aufbewahren.

Brandteigschwäne

150 g Dinkelmehl
60 - 80 g Butter
1/4 l Wasser
4 - 5 Eier

Wasser und Butter zum Kochen bringen, das gesiebte Mehl dazugeben und so lange rühren, bis ein fester Teigkloß entsteht, der sich leicht vom Topf löst. Den Teigkloß in eine Schüssel geben, nach und nach mit dem Handquirl die Eier unterrühren. Die Teigmasse muß eine spritzfähige Konsistenz haben. Kleine Windbeutel spritzen, etwa 20 Minuten bei 200 °C abbacken. Die Backrohrtüre während dieser Zeit nicht öffnen. Für die Schwanenhälse eine S-Form spritzen und extra abbacken, da die Backzeit für diese kürzer ist. Die Windbeutel mit Schlagsahne füllen und die Hälse in die Sahne drücken.

Feine Waffeln

150 g Dinkelmehl
125 g Butter
80 - 100 g Zucker
4 Eier
abgeriebene Schale von 1/2
ungespritzter Zitrone
1 Prise Backpulver
etwas Butter für das Waffeleisen

Butter schaumig rühren, nach und nach Eier, Zucker und Gewürze zugeben. Mehl und Backpulver einrühren und einen mittelfesten Teig herstellen. Die Masse portionsweise in das erhitzte und leicht eingefettete Waffeleisen einfüllen, goldgelb abbacken.

oder:
150 g Dinkelmehl
125 g Butter
80 - 100 g Zucker
4 Eier
1 - 2 TL Zimt
1 Msp. Nelken
1 EL Rum

oder:
150 g Dinkelmehl
125 g Butter
80 - 100 g Zucker
4 Eier
Mark einer Vanilleschote

Dinkelteekuchen, fein aufgeschnitten, Rezept Seite 80

Feine Waffeln aus Dinkelmehl, Rezept Seite 73

Dinkelnußecken

Zutaten für den Teig:
400 g Dinkelmehl
200 g Zucker
200 g Butter
2 Eier
Mark einer 1/2 Vanilleschote

Zutaten für den Belag:
150 g Butter
100 -150 g Zucker
300 g gemahlene Haselnüsse
1 TL Zimt
5 EL Wasser
1 Prise Galgant

Aus den entsprechenden Zutaten einen Mürbeteig herstellen, das Ganze gut verkneten und kühl stellen. Für den Belag die Butter zerlassen, den Zucker und die Gewürze dazugeben. Die gemahlenen Nüsse unterheben und die Masse mit Wasser ablöschen. Den Mürbeteig etwa 1/2 cm dick ausrollen und auf ein mit Backpapier ausgelegtes Blech legen. Die ausgekühlte Masse des Belages auf den Mürbeteig streichen und etwa 30 - 40 Minuten bei 180 °C backen. Noch lauwarm in Ecken aufschneiden.

Dinkelkernbeißer

Zutaten für den Teig wie Dinkelnußecken

Zutaten für den Belag:
100 g Dinkelflocken
100 g Kürbiskerne
100 g Sonnenblumenkerne

Gleiche Zubereitungsart wie Dinkelnußecken

Einfaches Dinkelgebäck

70 g Butter
50 g Zucker
2 Eier
300 - 350 g Dinkelmehl
1 EL Sahne
Mark von 1 Vanilleschote

Aus den angegebenen Zutaten einen Mürbeteig herstellen, diesen kurz ruhen lassen. Den Teig ausrollen, Kekse nach Wahl ausstechen oder ausradeln und auf einem mit Backpapier belegtem Blech 8 - 10 Minutenbei 180 °C lichtgelb abbacken.

Mandelrauten

200 g Dinkelmehl
200 g Butter
100 - 150 g Zucker
4 Eiweiß, zu festem Schnee geschlagen
abgeriebene Schale von 1 Zitrone
200 - 400 g gehobelte Mandeln

Butter und Zucker weißschaumig rühren, Zitronenschale zugeben, abwechselnd Eischnee und Mehl unterrühren. Teig auf ein mit Backpapier belegtes Blech dünn streichen und mit Mandeln bestreuen. 15 - 20 Minuten bei 180 °C hellbraun abbacken und in Rautenform aufschneiden.

Mürbe Apfelstücke

Für den Teig:
200 g Dinkelmehl
140 g Butter
1 - 2 EL saure Sahne
1 Prise Backpulver

Für die Füllung:
500 g Äpfel feingeschnitten
2 - 3 EL Zucker-Zimt-Mischung

Aus den angegebenen Zutaten einen Mürbeteig herstellen, gut durchkneten und kühl stellen. Die geschälten Äpfel in feine Scheiben schneiden und die Zucker-Zimt-Mischung unterheben. Die Hälfte des Teiges dünn ausrollen und auf ein mit Backpapier belegtes Blech legen, die Äpfel auf der Teigfläche gut verteilen. Mit dem restlichen ausgerollten Teig die Apfelfläche abdecken, die Teigränder etwas andrücken und 30 - 35 Minuten bei 180 °C hellbraun abbacken. Den Kuchen in Portionsstücke schneiden und mit Puderzucker bestäuben.

Zimtzwieback zum Tee

1 Päckchen fertig gekaufter oder selbst hergestellter Dinkelzwieback
100 - 150 g Butter
100 g Zucker
10 g Zimt

Den Zwieback mit Butter bestreichen, mit Zimt und Zucker bestreuen und den Zucker im Backrohr bei 160 °C schmelzen lassen. Den Zwieback kann man kalt oder warm essen.

Feine Vanillekipferl, Rezept Seite 81

Einfaches Dinkelgebäck, Rezept Seite 76

Dinkelteekuchen

300 g Dinkelmehl
200 g ganze Nüsse
50 g ganze Mandeln
4 Eier
200 g Zucker
Mark einer Vanillestange

Ganze Eier und Zucker schaumig rühren, nach und nach Mehl hinzufügen. Das Innere einer Vanillestange unterrühren und anschließend die ganzen Nüsse und Mandeln unterheben. In eine ausgebutterte Kastenkuchenform füllen und etwa 1 Stunde bei 180 °C backen. Den ausgekühlten Kuchen in ein feuchtes Küchentuch einschlagen und über Nacht ruhen lassen. Mit einem Brotmesser oder einer Schneidemaschine feine Scheiben aufschneiden. Diese Scheiben auf ein mit Backpapier ausgelegtes Blech legen und kurz bei 180 °C trocknen lassen. Den Kuchen in Blechdosen aufbewahren.

Gewürzplätzchen

500 g Dinkelmehl
2 Eier
200 g Zucker
250 g Butter
abgeriebene Schale einer ungespritzten Zitrone
10 - 15 g Muskatpulver
10 - 15 g Zimt
5 g Nelken
1 Eigelb zum Bestreichen
gehobelte Mandeln zum Bestreuen

Aus den angegebenen Zutaten einen Mürbeteig herstellen, der sofort weiterverarbeitet werden kann. Den Teig dünn ausrollen und mit verschiedenen Formen ausstechen, dünn mit Eigelb bestreichen und mit gehobelten Mandeln bestreuen. Auf ein mit Backpapier belegtes Blech legen und 10 - 15 Minuten bei 160 °C abbacken. In Blechdosen aufheben.

Dinkelflockenplätzchen

375 - 400 g Dinkelflocken
100 g gehobelte Mandeln
250 g Butter
200 g Zucker oder Honig
2 - 3 Eier
1 knapp gestrichener TL Backpulver
Schale einer ungespritzten Zitrone

Alle Zutaten gut untereinander verkneten und eine Stunde kühlstellen. Kleine Kugeln formen, auf ein mit Backpapier ausgelegtes Blech legen und etwa 15 Minuten bei 180 °C backen.

Vanillekipferl

300 g Dinkelmehl
200 g Butter
60 g Zucker
100 g ungeschälte gemahlene Mandeln
echter Vanillezucker

Aus den angegebenen Zutaten rasch einen Mürbeteig kneten, gut durcharbeiten und sofort Kipferl formen. Auf einem mit Backpapier belegten Blech 10 - 12 Minuten bei 160 °C hellgelb abbacken. Wenn die Kipferl lauwarm sind, in Vanillezucker wenden. Kipferl in Blechdose aufbewahren.

Kleetaler

300 g Dinkelmehl
150 g Butter
120 g Zucker
1 Ei
abgeriebene Schale einer ungespritzten Zitrone

Aus den angegebenen Zutaten einen Mürbeteig herstellen. Den Teig dünn ausrollen und runde Taler ausstechen. Mit einem Kleeblattförmchen für jedes Deckblatt die Mitte eines jeden zweiten Talers ausstechen, goldgelb abbacken. Kalt mit Holundergelee oder Quittengelee füllen, mit Puderzucker bestreuen.

Mousse au Chocolat, Rezept Seite 64

Quittenstilleben mit Konfekt und Gelee, Rezept Seite 84

Mandel-Zimt-Herzen

300 g Dinkelmehl
150 g Butter
80 g Puderzucker
100 g Mandeln
1 Ei
1 TL Zimt

Alle Zutaten zu einem Mürbeteig verkneten, dünn auf Mehl ausrollen, Herzen ausstechen, mit Eigelb, Eiweiß oder süßer Sahne bestreichen, mit gehobelten Mandeln bestreuen und auf einem mit Backpapier belegten Backblech etwa 10 - 15 Minuten bei 160 °C im vorgeheizten Backrohr hellbraun abbacken. In Blechdosen aufbewahren.

Quittengeleé

1 l frischer Quittensaft
1 kg Gelierzucker

Die gesäuberten Quitten in grobe Stücke schneiden und in einen Entsafter geben. 1 Liter des gewonnen Saftes etwas einkochen, den Gelierzucker einrühren und ca. 10 Minuten durchkochen lassen. In Gläser einfüllen und sofort fest verschließen.

Quittenkonfekt

1 kg Quittenmark
1 kg Gelierzucker

Die gesäuberten Quitten in grobe Stücke schneiden, weich kochen und passieren. Zu 1 kg dieses Quittenmarkes 1 kg Gelierzucker geben, gut durchkochen und auf einem mit Alufolie belegten Blech ca. 1 cm dick ausstreichen. Gut durchtrocknen lassen, mit Förmchen kleines Konfekt ausstechen und nach Wunsch in Zucker wenden.

Einkorn
Winterweizen
Triticale
Weißer Emmer
Dinkel
Schwarzer Emmer

Feiner Dinkelstollen

Entweder 1 kg Dinkelmehl
oder: 500 g Dinkelschrot feinster Mahlung und 500 g Dinkelmehl
100 g Hefe
200 g Zucker
1/2 l lauwarme Milch
450 g warme Butter
Schale einer ungespritzten Zitrone
je 1 gestrichenen TL Kardamom, Zimt und etwas frisch geriebene Muskatnuß
1 Prise Galgant
10 g Salz
600 g in 2 EL Rum eingeweichte Rosinen
je 100 g gehacktes Zitronat und Orangeat
200 g gehackte Mandeln oder Haselnüsse

100 g Butter zum Bestreichen nach dem Backen
125 g Puderzucker
2 EL echten Vanillezucker

Vorteig ansetzen: 1/3 Mehl mit der zerbröckelten Hefe und der lauwarmen Milch verrühren und zugedeckt vorgehen lassen. Restliches Mehl, Zucker, warme Butter und Gewürze in den Vorteig einarbeiten und etwa 45 Minuten gehen lassen. Nochmals durchkneten, Stollen formen und weitere 30 Minuten gehen lassen. Auf ein mit Backpapier ausgelegtes Blech legen und 60 - 80 Minuten sachte bei 160 °C backen. Die Zeit verkürzt sich, wenn anstelle des einen zwei Stollen geformt und gebacken werden. Noch heiß mit Butter bestreichen und mit einer Mischung aus echtem Vanille- und Puderzucker dick bestreuen. Zwei Wochen vor Verzehr backen, gut verpackt in Alufolie lagern.

Dinkelähre

Feiner Dinkelstollen, Rezept Seite 86

Brot

Sauerteig

300 g Roggenmehl Type 1370
300 ml lauwarmes Wasser

100 g Mehl mit 100 ml lauwarmem Wasser verrühren, über Nacht angedickt stehen lassen. Am nächsten Morgen durchrühren, weitere 100 g Mehl und 100 ml Wasser unterrühren. Am Abend wiederum 100 g Mehl und 100 ml Wasser unterrühren. In Abhängigkeit von der Umgebungstemperatur wird der Teig früher oder später Blasen werfen. Ein säuerlicher Geschmack zeigt an, daß der Sauerteig backfertig ist.

Frisches Französisches Baguette

500 g Dinkelmehl
1 Würfel Hefe
3 EL Sonnenblumenöl
1/8 - 1/4 l Milch
Wasser
Salz

Aus den angegebenen Zutaten einen mittelfesten Hefeteig herstellen und 30 Minuten gehen lassen. Anschließend 3 Brote formen. Jedes Brot an der Oberseite mit einem Messer 3 - 4 mal leicht einschneiden und nochmals 10 Minuten gehen lassen. Die Brote im vorgeheizten Rohr 30 - 45 Minuten bei 200 °C backen.

Schnelles Dinkelbrot

250 g Dinkelmehl
250 g Dinkelschrot feinster Mahlung
1/4 - 1/2 l Buttermilch
1 Würfel Hefe, in etwas Flüssigkeit aufgelöst
3 EL Sauerteig
1 EL Salz
je 1/2 EL Kümmel, Fenchel, Koriander

Die Zutaten zu einem weichen, schwer reißenden Teig verarbeiten und in eine mit Backpapier ausgekleidete Kastenform fest einstreichen In der Mitte der Oberfläche eine längliche Rille ziehen und in diese Vertiefung lauwarmes Wasser füllen. Mit Gewürzen bestreuen und 10 Minuten in das auf 250 °C vorgeheizte Backrohr schieben. Die Temperatur nach 10 Minuten auf 200 °C absenken und 50 Minuten backen. Das Brot zusammen mit dem Backpapier aus der Form nehmen und weitere 10 - 15 Minuten im abgeschalteten Backrohr ausbacken; vor dem Anschneiden einen Tag ruhen lassen.

Dinkelbrot

I. Art:
250 g Dinkelschrot
250 g Dinkelmehl
1/4 - 1/2 l Buttermilch
3 - 4 EL Sauerteig
1/2 Würfel Hefe
1 - 2 EL Sonnenblumenkerne
1 - 2 TL Salz
je 1 Prise Galgant, Quendel, Betram

Schrot und Mehl mischen, Hefe in der lauwarmen Buttermilch auflösen. Gewürze und Sauerteig zusammen mit der aufgelösten Hefe und der Buttermilch unter das Mehl rühren, wobei eine mittelfeste Masse entstehen muß. Diese in eine mit Backpapier ausgelegte Kastenform fest einstreichen. Die glatte Oberfläche mit Dinkelmehl und Dinkelflocken bestreuen und 15 Minuten im warmen Ofen gehen lassen. Im vorgeheizten Rohr 60 Minuten bei 200 °C backen. Auf einem Gitter auskühlen lassen.

II. Art
500 g Dinkelmehl
100 g ganze, am Vortag eingeweichte Dinkelkörner
1/4 -1/2 l Buttermilch
1/2 Würfel Hefe
je 1 TL Kümmel, Koriander, Fenchel
1 - 2 TL Sauerteig
1 - 2 TL Salz

Verarbeitung wie Dinkelbrot I. Art

III. Art
500 g Dinkelschrot
1/4 - 1/2 l Buttermilch oder Wasser
100 g Leinsamen
1 - 2 EL Sauerteig
1 - 2 TL Salz

Verarbeitung wie Dinkelbrot I. Art

Verschiedene Dinkelbrote

Ofenfrische Dinkelbrote und Semmeln

Feines Kräuterbrot

250 g Dinkelschrot feinster Mahlung und 250 g Dinkelmehl
1/2 Würfel Hefe
1/4 - 1/2 l Buttermilch, Milch, Wasser oder Molke
1 Tasse mit gewiegten frischen Kräutern
1 TL Salz

Vorschlag für Kräutermischung: Schnittlauch, Petersilie, Kresse, Kerbel, Bertram und Quendel

Gleiche Herstellungsweise wie bei Dinkelbrot, wobei der Teig etwas länger gehen sollte, bevor er abgebacken wird. Backzeit 50 - 60 Minuten in einer Kastenform bei 180 °C.

Kürbisbrot süß

500 g Weizenmehl Type 1050
250 g Dinkelmehl
40 - 50 g Zucker
100 g Butter oder Öl
1/4 - 1/2 l Wasser
1 Ei, 50 g Hefe
500 g feingeraspelter roher Kürbis
Kürbiskerne zum Bestreuen
1 TL Salz

Aus den angegebenen Zutaten einen mittelfesten Hefeteig herstellen, den feingeraspelten Kürbis dazugeben und nochmals durchkneten. Den Teig gehen lassen und in zwei mit Backpapier ausgelegte Kastenformen einfüllen, nochmals gehen lassen. Die Brote mit etwas Mehl und Kürbiskernen bestreuen und etwa 40 Minuten bei 200 °C backen.

Frühstückshörnchen

500 g Dinkelmehl
1 Ei
1 Würfel Hefe
1/8 bis 1/4 Liter Milch oder Wasser
1 TL Salz
1 TL Zucker
1 Eigelb zum Bestreichen

Aus den angegebenen Zutaten einen mittelfesten Hefeteig herstellen und ca. 30 Minuten an einem warmen Ort gehen lassen. Den Teig nochmals durchkneten, 1/2 cm dick ausrollen und Dreiecke ausschneiden, die zu Hörnchen geformt werden. Nach nochmaligem Gehenlassen, Hörnchen mit verquirltem Eigelb bestreichen und im vorgeheizten Backrohr 20 - 25 Minuten bei 180 °C goldgelb abbacken.

Dinkelsemmeln I. Art

500 g Dinkelmehl
1 EL Butter
30 g Hefe
1/8 bis 1/4 l Milch
1 TL Salz
lauwarmes Wasser zum Bestreichen
Mohn, Kümmel, Sesam zum Bestreuen

Aus den angegebenen Zutaten einen mittelfesten Hefeteig herstellen und diesen bis zur doppelten Menge aufgehen lassen. Den aufgegangenen Teig durchkneten, Semmeln (50 - 60 g pro Stück) formen und auf ein mit Backpapier belegtes Blech legen. Mit lauwarmen Wasser bestreichen und mit Mehl und Gewürzen bestreuen. Nach nochmaligem Gehenlassen 20 - 30 Minuten bei 200 °C hellbraun abbacken.

Dinkelsemmeln II. Art

500 g Dinkelmehl
40 g Hefe
1/8 bis 1/4 l Milch oder Wasser
1 TL Salz
1 Prise Quendel, Galgant
Kürbiskerne, Sonnenblumenkerne zum Bestreuen

Hefe in der lauwarmen Flüssigkeit auflösen und zusammen mit den restlichen Zutaten einen mittelfesten Hefeteig herstellen. 30 Minuten gehen lassen. Teig nochmals zusammenschlagen und gut durchkneten. Runde Semmeln formen (50 - 60 g pro Stück) und auf ein mit Backpapier belegtes Blech legen. Mit lauwarmen Wasser bestreichen und mit Kernen und etwas Dinkelmehl bestreuen. Nach nochmaligem Gehenlassen Semmeln im vorgeheizten Backrohr 20 - 30 Minuten bei 180 ° - 200 °C hellbraun abbacken.

Sonntagszopf

500 g Dinkelmehl
100 g Butter
40 g Hefe
1/8 - 1/4 l Milch
100 g Zucker
abgeriebene Schale einer unbehandelten Zitrone
1 Prise Salz
1 Eigelb zum Bestreichen

Hefe in der lauwarmen Milch auflösen und zusammen mit den weiteren Zutaten einen mittelfesten Hefeteig herstellen. 30 Minuten gehen lassen. Den Teig nochmals gut durchkneten, einen Zopf flechten und auf ein mit Backpapier belegtes Blech weitere 20 Minuten gehen lassen. Mit verquirltem Eigelb bestreichen und im vorgeheizten Backrohr 20 - 30 Minuten bei 200 °C goldgelb abbacken.

Dinkelzwieback

4 Eier
250 g Dinkelmehl
200 g Puderzucker
10 g echter Vanillezucker
1 EL hochprozentiger Rum

Die ganzen Eier mit dem Puderzucker zu einer sehr cremigen Masse schlagen. Vanillezucker und Rum zugeben. Das gesiebte Mehl unter die Schaummasse heben. Den Teig in eine mit Butter und Mehl vorbereitete Kastenform einfüllen und etwa 50 - 60 Minuten bei 160 °C backen. Den Teig auf einem Kuchengitter auskühlen lassen; in 1 cm dicke Scheiben schneiden, vorzugsweise mit der Brotschneidemaschine. Diese Scheiben auf ein mit Backpapier belegtes Kuchenblech legen und auf beiden Seiten bei 100 - 120 °C goldgelb trocknen.
In Blechdose aufbewahren.

Kleetaler aus Dinkelmehl, Rezept Seite 81